JULES RADU

PROPAGATION DES BONS LIVRES

BIBLIOTHÈQUES COMMUNALES

OEUVRE D'UTILITÉ PUBLIQUE

NAPOLÉON III PROTECTEUR

PARIS

CHEZ L'AUTEUR, 29, RUE FRANKLIN A PASSY

A BADE, ALLÉE DE LICHTENTHAL

1850

BIBLIOTHÈQUES COMMUNALES

PARIS. — IMP. DE CH. JOUAUST, 338, RUE SAINT-HONORÉ.

JULES RADU

PROPAGATION DE BONS LIVRES

BIBLIOTHEQUES COMMUNALES

OEUVRE D'UTILITÉ PUBLIQUE

NAPOLÉON III PROTECTEUR

PARIS

CHEZ L'AUTEUR, 29, RUE FRANKLIN A PASSY

A BADE, ALLÉE DE LICHTENTHAL

1850

PROPAGATION DES BONS LIVRES
BIBLIOTHÈQUES COMMUNALES
ŒUVRE D'UTILITÉ PUBLIQUE
NAPOLÉON III PROTECTEUR

La fondation d'une bibliothèque dans toutes les communes de France est une œuvre de bienfaisance et d'utilité pub.ique. La Société formée par M. Jules Radu mérite le concours du Gouvernement et l'approbation générale. Sur la demande du Conseil d'administration, représenté par M. le DUC DE CAUMONT LA FORCE, j'accepte avec empressement le titre de *Protecteur* de l'OEuvre.

Palais de l'Élysée, 20 *février* 1850.   *Le Président de la République*
LOUIS - NAPOLÉON BONAPARTE

EXPOSÉ PRÉSENTÉ PAR M. JULES RADU AU CONSEIL DE L'ŒUVRE
RÉUNI AU PALAIS DE L'ÉLYSÉE LE 3 MARS 1850.

La BIBLIOTHÈQUE COMMUNALE, guide des familles pour l'éducation et l'instruction des enfants, vient éclairer les classes laborieuses et combattre le colportage des mauvais livres, *véritable fléau des campagnes.* On ne peut prévoir l'heureuse influence qu'une bonne bibliothèque peut exercer sur l'avenir des communes. La propagation des bons livres est un moyen de combattre l'*ignorance*, l'une des causes du désordre qui étonne et afflige la société. L'ignorance peut conduire à la misère, la misère au crime. Le crime est un acte de folie; les méchants, pour l'honneur de l'humanité, ne sont que des malheureux privés de la raison qu'il faut traiter comme des aliénés, avec toutes sortes de soins et un régime moral.

Si l'amélioration d'une nation dépend de l'éducation des enfants, on ne saurait trop apporter de soins dans le choix des INSTITUTEURS PRIMAIRES, il faut leur inspirer ce sentiment de dignité qui fait considérer un emploi comme une mission dans l'intérêt de l'humanité, et leur donner un traitement qui les rende complétement indépendants des exigences des Familles.

Nous recommandons aux instituteurs la méthode Froebel pour l'éducation et l'instruction des jeunes enfants.

L'éducation morale fait naître les sentiments nobles, grands, généreux ; *l'instruction* développe l'intelligence ; *l'ignorance* conduit à ces passions honteuses qui dégradent l'humanité, et dans la vie, où tout s'enchaîne, les plus grands effets prennent leur source dans les plus petites causes ; l'homme sans état, qui mendie, qui est au bagne ; s'il avait reçu une bonne éducation, cet homme aurait un état, il ne mendierait point, cet homme ne serait peut-être pas au bagne...

La Bibliothèque communale renferme les meilleurs ouvrages sur l'Agriculture, qui réalisera toutes les espérances de bien-être. On doit faire ses efforts pour diriger vers l'Agriculture cette génération qui va se perdre dans le gouffre des grandes villes. La première richesse d'un pays est dans le sol ; l'agriculture occupe les deux tiers de la population ; c'est donc de toutes les industries celle qui mérite le plus de faveur. Si la terre produit en proportion du nombre de bras qui la cultivent, le commerce prendra des développements proportionnés à ceux de l'agriculture ; l'industrie manufacturière y trouvera d'immenses avantages, le régime alimentaire des travailleurs, une amélioration notable, et l'existence d'un grand nombre de familles ne sera plus mise en question aux moindres crises commerciales.

La Bibliothèque communale apporte une source de connaissances aux habitants des campagnes. MM. les Curés et les Maires, secondés par les Instituteurs, la rendront utile aux habitants, en organisant, le dimanche, les jours de fêtes, et surtout pendant les longues soirées d'hiver, des réunions publiques où des lectures à haute voix pourront amuser, instruire et moraliser. L'homme plongé dans l'ignorance trouve insensiblement du plaisir à écouter une lecture ; sa mémoire a retenu quelque chose, il veut en apprendre davantage ; il ne sait pas lire, mais il s'occupera de l'instruction de son enfant ; il finira par comprendre cette vérité : « les éléments du bonheur sont le ré-« sultat de la conduite ; la santé dépend de la sobriété ; l'aisance consiste à ne « pas se créer d'inutiles besoins, et la paix de l'âme est tout entière dans l'estime de « soi-même. »

Nous avons confiance dans l'avenir.

Le jour n'est pas éloigné où la révolution morale que les honnêtes gens attendent s'accomplira. La philosophie du Christianisme a répandu dans l'univers le sentiment du bien dans le cœur des Peuples. Le temps est venu, mettons-nous à l'œuvre ; cherchons tous les moyens pour améliorer la moralité et l'existence des travailleurs, *bonne et excellente terre qui, bien cultivée, produira de bons fruits.*

La fondation des Bibliothèques communales a donc pour but, et nous ne saurions trop le répéter : de moraliser et d'enseigner que ce sera toujours par la force morale de la justice, et non par la violence d'une insurrection, que les travailleurs arriveront progressivement au *bien-être* vers lequel tend la marche de l'humanité. La source de toute réforme sera toujours dans cette loi sublime : *Aimez-vous les uns les autres.*

MINISTÈRE DE L'INTERIEUR

Circulaire aux Préfets. — M. le Préfet, il vient de se former une Société de bienfaisance pour la fondation des Bibliothèques communales. Cette Société mérite toute la sympathie du Gouvernement ; je vous verrai avec plaisir aider autant qu'il peut dépendre de vous au succès de cette Société en faisant connaître à vos administrés son organisation, la haute utilité de son but, et en invitant tous les fonctionnaires avec lesquels vous êtes en correspondance administrative à lui prêter le *plus actif concours.*

Paris, 20 avril 1850.

Insérée au *Moniteur* du 31 mai 1850.

Le Ministre de l'intérieur
BAROCHE

CONSEIL DE L'OEUVRE

PRÉSIDENTS HONORAIRES

Son Eminence le Cardinal FORNARI, G. C. ✳, Nonce du Pape.
Le Maréchal de France Comte EXELMANS, G. C. ✳, Grand-Chancelier de la Légion-d'Honneur.
Le Comte PORTALIS, G. C. ✳, de l'Institut, du Conseil de l'Instruction publique, premier Président
de la Cour de cassation, ancien ministre de la Justice.
Le Général de Division PERROT, G. O. ✳, Commandant supérieur de la Garde Nationale de la Seine.

PRÉSIDENT

Le DUC DE CAUMONT LA FORCE, O. ✳, ancien Pair de France.

VICE-PRÉSIDENTS

Le duc DE LAROCHEFOUCAULD – DOUDEAUVILLE, C. ✳, ancien député.
ORFILA, C. ✳, conseiller de l'Université, doyen de la Faculté des sciences.

SECRÉTAIRE

Jules RADU, fondateur de l'OEuvre.

MEMBRES DU CONSEIL

Le vice-amiral BAUDIN, G. C. ✳.
Le baron FABVIER, G. C. ✳, de l'Assemblée législ.
Le marquis DE LA ROCHEJAQUELEIN, O. ✳.
Le général DE GRAMMONT, C. ✳, de l'Assemblée lég.
GUIRAUDET ✳, président de la ch. des imprimeurs.
LEFÈVRE-DEUMIER, bibliothécaire du Prince-Président.
Le comte MONTHOLON, G. O. ✳.

PAULIN PARIS ✳, de l'Institut.
POULAIN DE BOSSAY, O. ✳, prov. du Lycée St-Louis.
Le gén. DE RICARD, C. ✳, anc. C. de l'école S.-Cyr.
Le général DE SAINT-PRIEST, C. ✳, de l'Assemb. lég.
Le baron SERRURIER ✳, ancien préfet.
AURÉLIEN DE SÈZE ✳, de l'Assemblée législative.
Le comte DE TASCHER, O. ✳, ancien pair.

DAMES PATRONESSES

S. A. R. MARIE DE WURTEMBERG, née P^{sse} CZARTORYSKA. — S. A. I. STÉPHANIE, G^e D^{esse} de BADE.

ALMAZAN (Duchesse d').	DUCHATEL (Comtesse douairière).	MARMIER (Duchesse de).
ANCELOT (Virginie).	DU TILLEUL (A.).	MASSA (Duchesse de).
AUBUSSON (Comtesse d').	ECQUEVILLY (Marquise d').	MENNECHET (A.).
BAROCHE (Ministère de l'intérieur)	ERNOUF (Baronne).	MIRAMON (Marquise de).
BASSANO (Marquise de).	FAUDOAS (Marquise de).	MOCQUART (à l'Elysée).
BEAUMONT (Comtesse de).	FEUILLADE DE CHAUVIN.	MOLLIEN (Comtesse).
BELLUNE (Duchesse de).	FITZ-JAMES (Duchesse douair. de).	MONTAIGU (Comtesse de).
BLACAS (Comtesse de).	FLAVIGNY (Vicomtesse de).	MONTARAN (Baronne de).
BOIGNE (Osmond, Comtesse de).	FOULD (Ministère des finances).	MONVILLE (Baronne de).
BONNECHOSE (E. de).	GABRIAC (Marquise de).	MORTEMART (Duchesse de).
BOUILLÉ (Comtesse de).	GALITZIN (Princesse).	MUN (Marquise de).
BRÉON (Des Cars, Comtesse de).	GERANDO (Baronne de).	NARBONNE (Duchesse de).
BRISSAC (Duchesse de).	GODEFROY (Marquise de).	ORGLANDE (Comtesse de).
BROGLIE (Béarn, Princesse de).	GOUVION S. CYR (Marquise de).	OSMOND (Marquise d').
CARAMAN (Marquise de).	GRAMMONT (Duchesse de).	PAILLET.
CASTELLANE (Comtesse J. de).	GUDIN (Théodore).	PAIVA (De).
CAUCHOIS-LEMAIRE.	GUÉBRIANT (Comtesse de).	PANGE (Comtesse de).
CAUMONT (Marquise de).	HAUSSONVILLE (Comtesse d').	PARIEU (De), Instruction publique.
CERESTE (Duchesse de).	HAUTEFORT (Comtesse d').	PASTORET (Marquise de).
CHASSELOUP (Marquise de).	HAUTPOUL (Comtesse d').	PÉRIGORD (Duchesse de).
CHASTENAY (Comtesse de).	HAVRINCOURT (Marquise de).	POZZO DI BORGO (Comtesse).
CHIMAY (Princesse de).	HINISDAL (B. d').	ROHAN (Boissy, Princesse de).
CLIFFORD (Lady).	HOLLAND (Lady).	SAILLY (Vicomtesse de).
CORBINEAU (Comtesse).	ISTRIE (Duchesse d').	SAINT-AULAIRE (Comtesse de).
COSSÉ (Comtesse de).	IVRY (Lobau, Baronne d').	SERS (Baronne).
COURVAL (Vicomtesse de).	JUMILHAC (Marquise de).	SIMÉON (Comtesse).
CUSSY (Mme Charles de).	KALERGI (Comtesse).	SOLEILLE (Affaires étrangères).
DAMAS (Vicomtesse de).	LAPLAGNE BARRIS.	THELUSSON (Comtesse).
DAMPIERRE (Comtesse de).	LABORDE (Comtesse de).	TOURNEMINE (Baronne de).
DARRIULES (Baronne).	LAMBERTERIE (L. de).	VALENCE (Duchesse de).
DEMIDOFF (Princesse).	LA TRÉMOILLE (Princesse de).	VALMORE (Desbordes).
DES CARS (Tourzel, Duchesse).	LASALLE (A. de).	VALMY (Duchesse de).
DESFOSSÉS.	LE VAVASSEUR (Vicomtesse).	VIEIL-CASTEL (Baronne de).
DION (Marquise de).	LEVIS (Crillon, Comtesse de).	VIGNOLLES (Comtesse de).
DOUGLAS (Marquise de).	LOBAU (Maréchale Comtesse de).	VILLAINES (Marquise de).
DUMAS (Ministère du commerce).	LOUSADA (Marquise de).	VILLENEUVE (Vicomtesse de).
DUBUFE (E.).	LUDRE (Vicomtesse de).	VOGUÉ (Bérenger, Comtesse).

CATALOGUE D'UNE BIBLIOTHÈQUE A 100 VOLUMES

RELIGION ÉDUCATION

6 OUVRAGES. 6 VOLUMES

Nos d'ordre		Nombre de Volumes
1.	— La Bible Abrégé de).	1
2.	— Les Évangiles	1
3.	— Imitation de Jésus-Christ	1
4.	— Histoire Sainte	1
5.	— Sermons choisis	1
6.	— Les Prix Montyon accordés *par l'Institut.*	1

INSTRUCTION ÉLÉMENTAIRE

16 OUVRAGES. 32 VOLUMES.

Nos d'ordre		Nombre de Volumes
7.	— Lecture, Ecriture	1
8.	— Calcul, Géométrie pratique	1
9.	— Grammaire française	1
10.	— Géographie, Astronomie, Géologie	1
11.	— Tenue des Livres	1
12.	— Dictionnaire français	2
14.	— — géographique	2
16.	— — historique	2
18.	— — des Découvertes utiles	2
20.	— Histoire de Napoléon	5
25.	— — de France	5
30.	— — de la Révolution française	5
35.	— Musique vocale	1
36.	— Dessin linéaire. — Perspective	1
37.	— Arpentage	1
38.	— Gymnastique. — Natation.— Equitation.	1

HISTOIRE GÉNÉRALE VOYAGES

6 OUVRAGES. 13 VOLUMES

Nos d'ordre		Nombre de Volumes
39.	— L'Histoire universelle	1
40.	— Les Révolutions romaines	2
42.	— Histoire de la marine	2
44.	— Les Hommes illustres	4
48.	— Découverte de l'Amérique	2
50.	— Voyage autour du monde	2

LITTÉRATURE

1 OUVRAGE. 2 VOLUMES

Nos d'ordre		Nombre de Volumes
52.	— Œuvres choisies de Boileau, Corneille, André Chénier, La Fontaine, La Bruyère, Racine, J.-B. Rousseau.	2

MANUELS DE L'OUVRIER

6 OUVRAGES. 7 VOLUMES

Nos d'ordre		Nombre de Volumes
54.	— Boulanger, March. de vins, Charcutier, Pâtissier	1
55.	— Architecte, Maçon, Charpentier, Couvreur, Carreleur, Menuisier, Serrurier, Plombier, Fumiste	2
57.	— Tailleur, Cordonnier, Chapelier, Bonnetier	1
58.	— Maréchal-ferrant, Charron, Carrossier, Bourrelier	1
59.	— Ferblantier, Chaudronnier, Tonnelier, Tourneur	1
60.	— Horloger, Bijoutier, Coutelier, Armurier, Luthier	1

AGRICULTURE

11 OUVRAGES. 30 VOLUMES

Nos d'ordre		Nombre de Volumes
61.	— TRAITÉ D'AGRICULTURE PAR DÉPARTEMENT, publié d'après les ordres du Ministre de l'Agriculture et du Commerce	5
66.	— TRAITÉ DES MEILLEURES MÉTHODES DE CULTURE en France, en Angleterre, en Allemagne et en Flandre.	5
71.	— GUIDE PRATIQUE POUR LE PETIT CULTIVATEUR, LE FERMIER, LE RÉGISSEUR ET LE PROPRIÉTAIRE. Economie domestique. — Fonds industriels de l'entrepreneur. — Choix d'un domaine rural. — Acquisition ou location. — Des capitaux. — Du personnel. — Constructions rustiques. — Instruments d'agriculture. — Comptabilité agricole. — Du climat en agriculture. — De la nature diverse des terres, amendements, engrais, plantations, assolements, jachères, succession des cultures. — Culture des céréales, de la vigne, des arbres, des forêts, des prairies, des étangs. — Laiteries. — Serres. — Potagers — Vergers. — Les abeilles et les vers à soie. ÉCONOMIE DU BÉTAIL. — Haras. — Animaux nuisibles. — Pharmacie vétérinaire	5
76.	— HORTICULTURE. — Principes généraux de jardinage. — Choix et nature des terrains. — Architecture des jardins. — Culture des fleurs. — Calendrier du jardinier. — Jardinage en Europe.	2
78.	— RAPPORTS DES CONGRÈS AGRICOLES.	4
80.	— LÉGISLATION APPLIQUÉE A L'AGRICULTURE	1
81.	— DICTIONNAIRE D'AGRICULTURE.	2
83.	— COMMERCE des grains, des fruits, des légumes, des bois, des bestiaux	1
84.	— LA BOTANIQUE	2
86.	— LA CHASSE ET LA PÊCHE.	1
87.	— HISTOIRE NATURELLE.	2

ADMINISTRATION COMMUNALE

3 OUVRAGES. 10 VOLUMES

DICTIONNAIRE D'ADMINISTRATION GÉNÉRALE.

Nos d'ordre		Nombre de Volumes
91.	— Droit public usuel	1
92.	— Paroisses, mairies, écoles communales, juges de paix, police, gendarmerie, garde champêtre, forestier, et garde-pêche. — Prisons. — Recrutement, garde nationale. — Hygiène. — Secours aux asphyxiés, contre l'incendie.	5
100.	— DICTIONNAIRE DES ÉTABLISSEMENTS DE BIENFAISANCE.—Hospices, hôpitaux. — Crèches, salles d'asile. — Dépôts de mendicité	4

PREMIÈRE LISTE DE SOUSCRIPTEURS

DÉPARTEMENT DE LA SEINE — ARRONDISSEMENTS DE PARIS

	Fr.
A. BILLOT, Compagnie des Agents de change.	300
THOMAS, président de la Chambre des Notaires.	100
MOULIN ✻ — du Tribunal de 1re instance.	100
LAUREAU, — des Avoués. Cour d'appel. . .	100
MOREAU ✻ — des Avocats. Cour de cassation	100
BORDEAU, Prés. des Agréés. Tribunal de com.	45
CENNEVOIX, — des Commissaires-Priseurs. .	100
MELON ✻, — du Cercle du commerce. . .	25
CAUET, — des huissiers.	45

Nom	Fr.
ADAM, O. ✻	5
AGUADO (Marquis).	35
AIGUILLON (Moreil d'). . . .	5
ALBUFÉRA (Duc d'), Représ. .	10
ANTHOUARD (Cte), G. C. ✻.	5
ARNAL, Artiste dramatique. .	5
AUBER, C. ✻, de l'Institut.	10
AUDIFFRET, G. O. ✻ . . .	5
BABINET ✻, de l'Institut. . .	1
BARROT (F.) ✻, Représentant	5
BARTHEZ (Docteur) ✻. . . .	5
BARANTE (de), G. C. ✻ . .	5
BAUDE (Baron), O. ✻ . .	5
BAUME (Marquise de)	5
BAYLE-MOUILLARD ✻. . . .	5
BEAULIEU (Baron de) ✻. .	5
BELLESTA, O. ✻ (Min. fin).	5
BELLEYME Présid. de), C. ✻	5
BERTIN (l'Abbé)	1
BÉTHYSIE (Marquis de ✻. .	2
BÉTHUNE (Comte L. de. . .	5
BEURMANN (de) ✻.	1
BÉRENGER, C. ✻.	5
BESSON, G. O. ✻.	5
BEUGNOT (Cte), O. ✻, Rep.	5
BILLION (l'Abbé).	2
BINET, O. ✻, de l'Institut.	1
BOINVILLIERS ✻, Représ. .	5
BOISTHIERRY (Marquise de). .	5
BONAPARTE J.), G. C. ✻. .	20
BORRELLI (Vte, G. O. ✻.	5
BOUFFÉ, Artiste dramatique.	5
BOUILLET ✻, de l'Université.	5
BOURJADE (Colonel), C. ✻.	5
BOURSY, C. ✻.	5
BOUVILLE (Comte de)	5
BRANCAS (Duc de), O. ✻.	5
BRIFAUT ✻, de l'Académie.	5
BROHAN (Mlle), Artiste dram.	5
BRY (Jean de) ✻, Préfet. .	50
BUSSIÈRE (de) ✻.	5
BUSSY ✻, de l'Ac. de méd.	5
CALLET (A.), Représentant.	5
CAMINADE Gl, G. O. ✻.	5
CARAFA O. ✻, de l'Institut.	5
CARBONNEL Gl), G. O. ✻.	5
CARISTIE ✻, de l'Institut . .	2
CASTEL-NAJAC, G. O. ✻.	5
CAUCHY (A.), O. ✻, Magist.	5
CAVENNE, C. ✻.	5
CINTI-DAMOREAU (Me), Artis.	10
CISTERN Princesse de la) . .	10
CHALAIS-PÉRIGORD.	5
CHAMPOLLION ✻.	5
CHANGARNIER, G. O. ✻. .	5
CHAPUIS-MONTLAVILLE ✻. .	5
CHARRUAU (Docteur) ✻. . .	5
CHAUCHEPRAT, O. ✻ . . .	5
CHENEAU (Docteur), ✻ . . .	1
CHEVREUSE Duc de)	20
CHOPIN, O. ✻.	5
COETLOSQUET (Mis, ✻, Rep.	5
COITTANT, Agent de change.	5
COLBERT (Cte), G. C. ✻ . .	5
COLINCOURT Comte de . . .	10
COMBES, O. ✻, de l'Institut.	1
CONNEAU (le Docteur), ✻. .	5
COQUEREL fils, Pasteur . . .	5
CORBINEAU (Comtesse de). .	10
CORNEMUSE (Général, O. ✻.	6
CROSSE, Notaire	5
CROZE De). de l'Institut. . .	2
CULLERIER (Docteur), ✻. .	1
DABLON (Vicomte).	5
DABRIN ✻, Agent de change.	5
DALMATIE (Marquis), G. O. ✻	5
DAMAS L.-Colonel, O. ✻. .	5
DAMBRAY, Représentant. . .	5
DANGOISSE (Comtesse). . . .	5
DARCY, O. ✻.	1
DARU (Comte), C. ✻	20
DARU (Vte) ✻, ancien Député.	5
DASSIER, Banquier	5
DAUBIGNY, Peintre	5
DAVENNE, C ✻, Adm. des H	5
DAULLÉ Général), C. ✻ . .	5
DECAN ✻, Maire du 5e arr. .	10
ECALME ✻, Prof. d'hist. n.	1
DECHAVANNES, O. ✻. . . .	5
DEFAUCONPRET ✻	5
DELAROCHE (Paul), O. ✻. .	5
DELORME (Mlle), Artiste dram.	10
DEMAT, Architecte.	5
DENYS (l'Abbé (A.)	5
DEPILLE (l'Abbé)	5
DEWURLF (Dr) ✻, Médecin.	5
DIÉRICKX, Dir. de la Monnaie.	5
DOISNEAU ✻, Chef de bat .	1
DOMRER, O. ✻, de l'Institut.	2
DROLLING ✻, de l'Institut. .	1
DROLLING ✻, de l'Institut. .	1
DROZ, O. ✻, de l'Institut . .	5
DUBOIS (Docteur), O. ✻. . .	5
DUCLOUX, Notaire	4
DUFAURE, Représentant. . .	5
DUFRÉNOY, O. ✻.	5
DUMAS Alexandre) ✻. . . .	5
DUMONT ✻, de l'Institut . .	2
DUPIN (Ch.), G. O. ✻, Repr.	5
DURANT, Notaire	5
URANTON père, ✻. . . .	1
DUREAU DE LA MALLE ✻. .	5
DURIEU ✻, Dr gl des cultes.	2
USSUMIER DE FONBRUN (H.)	5
ECKMÜLH Prince d')	5
ELIE DE BEAUMONT, O. ✻.	5
ESPINAY SAINT-LUC (D') . .	2
EUPHROSIN Frère), sous-dir. des Ecoles chrétiennes. . .	2
FAUCHÉ, Agent de change. .	5
FAUDET l'Abbé) ✻.	5
FERRONAYS (Comtesse de La).	5
FLEURIAU (De, G. O. ✻. .	5
FLEURY (Comte, O. ✻ . . .	5
FONTAINE, C. ✻.	5
FONTENAY (De, Représentant	10
FORNARI S. Em. le Cardinal, G. C. ✻, Nonce du Pape.	20
FORSTER ✻, de l'Institut . .	2
FOUCHER, C. ✻, Magistrat.	5
FOUQUIER, C. ✻, Médecin.	5
FOSSA (Mme de).	5
FRANCK, O. ✻, de l'Institut.	3
FREMYN ✻, Notaire.	5
FRETEAU DE PENY B.), O. ✻	5
GUYET DE FERNEX, Ch. d'inst.	5
FULCHIRON ✻, ancien Pair.	5
GABRIAC Marquise de, . . .	5
GARAT (Baron ✻	5
GASPARIN Cte de), G. O. ✻	5
GASTU Colonel, O. ✻. . .	10
GAUDICHAUD ✻, de l'Instit.	1
GAUTIER, C. ✻, Banque de F.	20
GÉRANDO (Baronne de).	5
GISORS De, O. ✻, Architec.	2
GODART ✻, avocat	5
GOSCHLER l'abbé).	5
GOLBERY De, O. ✻	5
GOUBAUX ✻.	5
GOUVION SAINT-CYR (Mse de)	20
GRASALKOWICH (Princesse).	10
GREFFULH (C. de).	5
GRESY ✻, Direct. de l'enreg.	5
GRETERIN, C. ✻ Douanes.	5
GUDIN, O. ✻, Peintre. . . .	10
GUENIN, Notaire	5
GUÉRARD ✻, de l'Institut . .	5
GUYET DE FERNEX, Institution	5
HARDOUIN H.), Avocat . .	5
HASE, C. ✻, de l'Institut.	5
HEIM, O. ✻, de l'Institut. .	2
HÉRARD, C. ✻.	5

HUVÉ ✳, de l'Institut. . . . 5
ISABEY ✳, Peintre 5
JACQUEMINOT, G. O. ✳. . . 5
JOLLY ✳, Archev. de Sens. 5
JOUVENEL (Baron). 5
JUSSIEU (De), O. ✳, de l'Inst. 5
KAISSOROFF (Mme de). . . . 5
KANN (Ed.-J.-H.), Banquier. 10
KERAUDREN. Docteur), C. ✳ 5
KERAUDREN (Docteur), C. ✳. 5
KOENIGSWARTER, Banquier. . 5
LABRO (l'Abbé), h. de la Pitié 1
LABROUSTE ✳ (Sainte-Barbe) 5
LABRUGNIÈRE (De) ✳, Rep. 5
LAFAYETTE (Oscar de), Rep. 5
LA FERTÉ (Marquis de) . . . 5
LAGARDE (Chevalier de) ✳. 1
LA GRANGE (Mis de) O. ✳. 5
LAGRENÉ (De), O. ✳, Repr. 5
LA HITTE (Gl), G. O. ✳ . . 5
LAITRE (Vicomtesse de) . . . 1
LAITY ✳, Capitaine d'inf. . 5
LAMARTINIÈRE (De). 5
LASCAZE (Comte de), C. ✳. 10
LA SUSSE (Vice-Amiral baron
de), G. O. ✳. 5
LAROCHEFOUCAULT – LIAN-
COURT (Duc de), C. ✳. . 5
LARREY (Docteur) ✳. . 5
LARROQUE (Docteur) ✳. . . 5
LA TOUR D'AUVERGNE (Car-
dinal), G. C. ✳, évêque
d'Arras. 5
LAURENCEAU ✳, Représent. 5
LAVEAUCOUPET (De, O. ✳. 10
LAVENANT (Baron de), O. ✳ 5
LAVEISSIÈRE ✳, Négociant. . 5
LAVERGNE, Représentant . . 5
LAYRLE, C. ✳ (à la Marine). 5
LE BAS ✳, de l'Institut. . . 1
LEBRETON (Gl), G.O.✳, Rep. 5
LEBRUN, C.✳, de l'Académie 5
LE CLERC, C. ✳, de l'Inst. 5
LEFEBRE, Notaire 5
LEFEBURE, Notaire. 10
LE FLO (le Gén.), O. ✳, Rep. 1
LEFORT, Notaire 17
LEGAGNEUR, O. ✳, Magistr. 5
LEGAY ✳ (Lycée Bonaparte). 5
LÉGER, Avocat. 5
LEMERCIER (Vicomte), C. ✳. 5
LENORMANT ✳, de l'Institut. 5
LÉON-BOISSY (Princesse de). 5
L'ESPÉE (De), O. ✳ 5
LEPIC (Comte) ✳, Représen. 5
LE PRIEUR DE BLAINVILLIERS
(Baron). 5
LEROY DE CHABROL et Ce, Bers 20
LESTANG (De), Rec. de l'enr. 5
LEVIS ALVARES ✳ 5
LIADIÈRES (Me). 5
LIBERMANN (l'Abbé). 5
LONGLOIS (l'Abbé). 1
LORENTZ, Peintre d'histoire. 5
LOUSTAUNAU ✳, Avoué. . . 1
LOVENHIELM (Comte de) . . . 1
LUPERSAC (Marquis de) . . . 5

LUYNES (De) ✳. 1
MACKAU (Bn), G.C. ✳, Amiral 10
MAILLÉ (Duc de). 10
MAILLARD, G. O. ✳. . . . 5
MALACHY DALY, Banquier. . 5
MALLEVILLE (Marquis de) ✳. 5
MANESCAU, Représentant . . 5
MARCHAND – ENNERY ✳,
Grand-Rabbin. 5
MARCHAND, Avoué. 5
MARLARTIC. 5
MARMIER (Duc de) ✳. . . . 5
MARQUET (Mlle), Artiste dram. 5
MAUGERET ✳ (Lycée Charl.) 5
MAYRE, Notaire. 5
MELUN (Vicomte de), Reprs. 5
MERILHOU, G. O. ✳. . . . 5
MÉRIMÉE ✳, de l'Institut. 5
MIRBEL (De), C. ✳. . . . 5
MILNE-EDWARDS, O. ✳. . 5
MOREAU ✳, Magistrat. . . . 5
MORNY (Comte de), Représ. . 25
MORNAY (Marquis de), O. ✳. 5
MONTGUYON (Comte), C. ✳. 5
MOSCOWA (Prince de la) ✳. 5
MOUCHY (Duc de), Représent. 5
MURAT (Prince L.), Représ. 5
MUSSET (Alfred de) ✳. . . 5
NAGLE (De) ✳, Représent. . 1
NAUDET, C. ✳, de l'Institut. 5
NEY (Comte) ✳, Représent. 5
NICOLAY (Vicomtesse de). . . 5
NIEUWERKERKE (Cte), O. ✳. 5
NOEL (C. ✳, Notaire. . . . 5
ODIER, C. ✳, Négociant . . 10
ODIOT, Orfèvre 5
OGIER (Ve). 5
OPPERMANN ✳, Banquier. . 1
PATIN, O. ✳, de l'Académie 16
PAGANELLE, C. ✳. 5
PASQUIER (Jules), C. ✳. . . 5
PELET (le Gén.), C. ✳, Rep. 5
PELOUZE ✳, de l'Institut . . 2
PENHOEN (Bon de), O.✳,Rep. 5
PEPIN LE HALLEUR ✳ . . . 5
PÉRIER (Casimir), G. O. ✳,
Représentant 20
PICOT ✳, de l'Institut. . . . 5
PLAS (De), O. ✳ 5
PLANAT DE LA FAYE (Gl),
C. ✳ 10
POIRSON ✳ (L. Charlemagne). 5
POINSOT, G. O. ✳. . . . 5
PORTALIS (H.) ✳, Rec. gén. 100
PRADIER, O. ✳, de l'Instit. 1
PRÉVAL (Gén. de), G. C. ✳. 5
PUJOL (Abel de) ✳, de l'Insti. 5
QUATREMÈRE, O. ✳, de l'I. 5
QUELEN (Vicomtesse de). . . 5
QUENAULT, O. ✳. 5
RANDOING, Représentant. . . 5
RAULIN, Représentant. . . . 5
RAMBUTEAU, G. O. ✳. . . 5
RAOUL ROCHETTE, O. ✳. . 5
REGNAULT ✳, de l'Institut. 5
RENDU, C. ✳, de l'Institut. 5
RETOURS DE CHAULIEU, Rep. 5

REYNARD (L.), Agent de ch. 5
REY (le Général) ✳, Représ. 5
RIBEROLLES (De), O. ✳. . . 1
RIANT ✳, Maire du 12e arr. 2
RINN, O. ✳, de l'Université. 5
RODIER (Baron), C. ✳ . . . 1
RODRIGUES (E.) ✳, Banquier. 5
ROMAIN-DESFOSSÉS (Me). . . 10
ROSILY (Marquis de). 15
ROQUEBERT, Notaire. . . . 5
ROUGET ✳, Peintre 1
ROUILLON ✳, Juge de paix. . 5
ROUSSEL, C. ✳, Recteur. . 5
ROUX, O. ✳, de l'Institut. . 5
ROYER-COLLARD ✳. 2
ROZAN (Duc de). 5
S.-AGNAN (Vte de), C. ✳. . 5
SAINT-ALBIN (De), ✳ . . . 5
SAINTE-BEUVE, Représentant. 5
SAINT-CRICQ (Vicomte de). . 5
SAINT-HILAIRE, de l'Institut. 2
S.-HERMINE Cte), G. O. ✳. 5
SAINT-MARS (Génér. Vicomte
de) G. C. ✳, Lég.-d'Honn. 5
SAINT-PIERRE (Vicomte de). 10
SAMSON, Dr. Théâtre-Français 5
SAUVAIRE BARTHÉLEMY (Mar-
quis), Représentant . . . 10
SCHNEIDER ✳, Dr du Creuzot 5
SCHNETZ, O. ✳, de l'Institut. 1
SCRIBE, O. ✳, de l'Académie. 5
SEILLIÈRE, Banquier 20
SÉBASTIANI (Vte, G. C. ✳. 5
SIBOUR ✳, Archevêque. . . 5
SICHEL ✳, Médecin. 5
STURM, O. ✳, de l'Institut. . 1
THIAC, Notaire. 10
THIOU DE LACHAUME, Not. 1
TAILLANDIER ✳ 5
TALVANDE (Comtesse de). . 1
THAYER, O. ✳, Dr d. postes 10
THIERRY (A.), C. ✳, de l'Ins. 20
THIBAULT ✳, Evêque de
Montpellier 5
TISSOT, O. ✳, de l'Académie. 5
TOCQUEVILLE (De) ✳ . . . 5
TOURNUS, O. ✳ (Mre d. fin.) 5
TREILHARD (Comte), C. ✳. 5
TROPLONG, C. ✳, de l'Instit. 5
TURENNE (Marquis Ed. de). 5
VALANÇAY (Duc de) 5
VALOIS ✳, Rég. à la Banque. 5
VALLON DE VILLENEUVE. . 9
VAN COPPENAEL 5
VERAC (Marquis de) 5
VERGENNE (Comtesse de) . . 5
VIENNET, C. ✳, de l'Acad. 5
VIGNY (Comte Alfred de) ✳. 5
VINCENT ✳ (Hôp. de la Pitié) 5
VINCENT, Receveur de l'enreg. 1
VITET, O. ✳, Représentant. 5
ULRIC ZELWEGER et Ce, Bq. 50
WALKENAER Baron, O. ✳. 5
WATTEVILLE Baron de) ✳. 5
WAILLY (De), O. ✳ 5
YVER, Notaire. 5
ZANGIACOMI ✳, Conseiller. . 5

Le Conseil de l'œuvre à Messieurs les Maires des 37,000 communes.

Nous avons l'honneur d'appeler votre bienveillante attention sur la fondation des *Biblio-thèques Communales*, officiellement recommandées par le Gouvernement comme œuvre d'utilité publique (*Moniteur du 31 mai* 1850).

Nous adressons nos prospectus, circulaires et feuilles à souches, à 45,000 autorités reli-gieuses, civiles et militaires : MM. les Évêques et les Vicaires-Généraux; — Les Préfets, les Sous-Préfets, les Secrétaires-Généraux de Préfectures et les Maires; — Les Présidents des Cours d'appel et de première instance, les Procureurs-Généraux, les Procureurs de la République et les Juges de Paix; — Les Recteurs de l'Académie; — Les Receveurs des Finances; — Les Directeurs de l'Enregistrement et des Domaines, des Douanes, des Contri-butions directes et indirectes, des Postes; — Les Conservateurs des Forêts; — Les Prési-dents de Chambre de commerce; — Les Généraux, les Intendants Militaires, les Colonels de la gendarmerie et Chefs de corps; — Les Préfets maritimes, les Chefs de service et les Commandants des bâtiments armés; — Les Gouverneurs de l'Algérie et des Colonies; — Les Rédacteurs en chef de la presse.

Pour établir une bibliothèque aux prix arrêtés par nos statuts, il faut en *minimum* un nombre de 3,000 exemplaires et une souscription de 365 fr. par canton. La Bibliothèque appartiendra à la commune qui aura la souscription la plus élevée. La commune qui sous-crira pour 365 fr. recevra une bibliothèque.

Les fonds seront provisoirement mis en dépôt chez le doyen des notaires du chef-lieu de canton, jusqu'à ce que l'Administration soit informée du résultat général.

Si la souscription est trop minime pour l'impression d'un ouvrage, les fonds restés en dépôt seront remboursés aux Souscripteurs.

Dès que l'autorité locale aura pu constater, après l'examen d'hommes compétents, que les ouvrages sont destinés à exercer une heureuse influence sur l'avenir du pays, nous avons l'intime conviction que tous les habitants s'empresseront de souscrire; que les riches propriétaires en feront immédiatement l'acquisition pour en doter leur commune; que d'autres *Sociétés de Bienfaisance* se formeront dans le même but, *concurrence* que nous appelons de tous nos vœux. C'est ainsi qu'en peu de temps les 37,000 communes peuvent recevoir leur bibliothèque.

Nous désirons avoir un mandataire par arrondissement; nous serions très-reconnaissants que vous voulussiez bien engager une personne obligeante, faisant partie d'une adminis-tration publique, à vouloir bien nous seconder à titre de patronage. Ce mandataire sera, autant que possible, une personne attachée à la Sous-Préfecture ou à la Recette particulière, deux emplois qui permettent d'être en rapport, sans aucuns frais, avec les diverses localités de l'arrondissement.

Nous ne nous faisons pas la moindre illusion sur les difficultés qui nous attendent : *la misère, la méfiance et l'indifférence.* — Mais la *misère* ne refusera pas un franc par an à une œuvre aussi utile; la *méfiance* doit être rassurée en présence d'un patronage aussi honorable; l'*indifférence*... c'est là la véritable, la seule difficulté. Cette indifférence s'ex-plique par une foule de tentatives restées à l'état de projet. Il nous faut donc aux chefs-lieux de canton au moins une PERSONNE de cœur et d'énergie pour nous seconder.

Nous vous prions de recevoir l'expression de nos sentiments distingués,

Paris, 15 novembre 1850

Le Secrétaire Fondateur de l'OEuvre,   *Le Président du Conseil,*

JULES BADU.   DUC DE CAUMONT LA FORCE, ancien Pair de France

Aux Protecteurs de l'œuvre.

Paris, 13 février 1851.

Le projet primitif pour la fondation des Bibliothèques communales était de *commencer* par l'impression de 100 volumes réunis dans un corps de bibliothèque, et de les répandre dans les 37,000 communes au moyen de souscriptions annuelles dont le minimum était fixé à 1 fr. par an.

Le modèle d'une bibliothèque de cent volumes, exposé au ministère de l'intérieur, a paru être approuvé de toutes les personnes qui l'ont vu.

Ce projet a eu un commencement d'exécution. Les circulaires adressées à 45,000 autorités religieuses, civiles et militaires, font un appel aux habitants des 37,000 communes pour réaliser une souscription, en moyenne, de 30 fr. Nul ne peut préjuger le résultat d'une décision encore inconnue.

C'est dans cette situation que M. JULES RADU, par des considérations personnelles, a proposé une nouvelle combinaison à laquelle le *Conseil de l'OEuvre* a donné son entière approbation. Cette combinaison consiste à inviter MM. les libraires, imprimeurs et fabricants de papier à fournir les ouvrages destinés aux Bibliothèques communales.

M. JULES RADU a voulu dégager son nom de toute apparence de spéculation, qui pouvait dénaturer le caractère du fondateur et altérer la dignité du patronage le plus important, peut-être qui ait accueilli une œuvre de bien public. C'est après cette déclaration que le *Conseil* a pensé qu'il pouvait immédiatement élargir lè cadre de ses travaux par l'action puissante des industries intéressées à seconder l'œuvre.

Les prospectus peuvent rester sans effet, mais ils appelleront l'attention du pays quand ils seront appuyés par une vaste association commerciale dont la présence vient constater que l'œuvre accomplit un acte sérieux. Un nombre considérable de volumes seront achetés par la souscription collective des habitants et par de riches propriétaires, heureux de doter leur commune d'une bibliothèque *qui recommandera leurs noms à la reconnaissance de la postérité.*

M. JULES RADU déclare qu'il se retire de la partie administrative : bien qu'il ne soit pas dans une heureuse position de fortune, et malgré des sacrifices de temps et d'argent employés à organiser l'œuvre, M. JULES RADU vient dire au commerce :

« Nous espérons réaliser une idée sympathique à tous, idée dont on se préoccupe depuis « plus de trente ans, ainsi que le constatent divers projets déposés au ministère. — Nous « vous proposons de fournir de bons livres au meilleur marché possible, laissant aux com- « munes toute liberté de choix dans un catalogue arrêté par un *comité d'examen* unique- « ment composé d'hommes spéciaux désintéressés et en dehors de toute tendance politi- « que. — Nous vous apportons : un caractère officiel par le protectorat du chef de l'État; « — une circulaire ministérielle qui vous assure le plus actif concours de tous les fonc- « tionnaires ; — une correspondance engagée avec des Préfets, des Évêques, des Maires, « qui constate leur approbation et leur concours ; — un patronage de 500 membres d'une « grande influence par leur haute position sociale, et, dans le nombre, des hommes dont « l'appui ne fera jamais défaut; — l'influence de cent mille circulaires, affiches, pros- « pectus, etc., qui viennent d'être répandus dans les 37,000 communes et adressés « directement à 45,000 autorités religieuses, civiles et militaires. — Nous vous ap- « portons quelque chose de plus puissant encore : une volonté énergique, avec laquelle « une bonne œuvre doit nécessairement s'accomplir. — Nous vous offrons une affaire com- « merciale dans laquelle nous déclarons rester complètement étranger à tout bénéfice d'ar- « gent, sous quelque forme que ce soit; notre seule ambition est de laisser un jour à notre « famille la part de gloire et d'honneur due à l'homme qui a fait quelque chose d'utile à son « pays. »

Le commerce aurait donc le droit de donner à ses agents le caractère officiel de repré- sentants de l'œuvre, et de publier un catalogue sous un patronage dont l'importance doit exercer une grande influence sur l'esprit des souscripteurs ; catalogue qui, par le choix des ouvrages, constate une entreprise de haute moralité.

La lettre adressée au Cercle de la librairie par le Conseil de l'œuvre, réuni le 9 février au ministère de l'intérieur, avait donc pour but les propositions suivantes :

1° MM. les Éditeurs, les Libraires et les Auteurs sont invités à adresser à M. le Duc de Caumont La Force, Président du Conseil de l'œuvre, rue de Grenelle-Saint-Germain, 113, un catalogue disposé ainsi :

Religion, Education, Instruction élémentaire, Histoire générale, Voyages, Littérature, Manuels d'ouvriers, Agriculture et Administration communale.

Ce catalogue indiquera par numéros d'ordre : le titre de l'ouvrage, le nom de l'auteur, le format et le prix du volume broché. Les volumes auront la même couverture et le même faux titre.

2° MM. les Libraires de la provincee feront remettre leur catalogue par leur correspondant.

3° MM. les Imprimeurs et Fabricants de papier sont invités à envoyer une adhésion qui assure leur concours pour l'impression des ouvrages *adoptés par le comité d'examen* qu'ils seraient dans l'intention de publier. Cette publication sera entièrement à leur bénéfice.

MM. les Éditeurs, les Libraires, les Auteurs, qui auront envoyé leur catalogue, MM. les Imprimeurs et Fabricants de papier qui auront donné leur adhésion, seront, après l'examen du catalogue, convoqués en assemblée générale pour arrêter définitivement un projet susceptible d'un développement considérable, mais qui peut se modifier dans son exécution commerciale selon l'opinion de la majorité.

Un conseil d'administration sera nommé pour veiller aux intérêts du commerce, intérêts auxquels les MEMBRES DU CONSEIL entendent rester entièrement étrangers, ne se réservant que la direction morale d'une œuvre de bienfaisance.

Ainsi jamais l'œuvre n'a été plus forte, plus puissante. La Direction a pu s'arrêter un instant pour modifier une première combinaison où toutes les difficultés reposaient sur son Fondateur ; mais en appelant le concours du commerce intéressé à seconder l'œuvre, les difficultés disparaissent.

EXTRAIT DU RAPPORT

DE LA COMMISSION NOMMÉE POUR L'EXAMEN DES COMPTES DE LA SOCIÉTÉ DES BIBLIOTHÈQUES COMMUNALES

MM.

Sur la demande de M. JULES RADU, le Conseil de l'œuvre a été réuni le 9 février 1851, au Ministère de l'intérieur, sous la présidence de M. le DUC DE CAUMONT LA FORCE, pour nommer une commission dans le but d'examiner les comptes du *Directeur* et la situation de la Société. Désignés par M. le Président, nous avons accepté avec empressement cette mission.

Après l'examen le plus scrupuleux, nous venons vous rendre compte du résultat de notre travail. Nous avons examiné les livres renfermant : — 1° Les procès-verbaux des séances du Conseil. — 2° L'inscription des agents chargés de recueillir la souscription. — 3° L'enregistrement des souscripteurs. — 4° Le livre de caisse. — 5° L'enregistrement des comptes et factures. — 6° Les papiers et imprimés divers.

Nous sommes heureux de déclarer qu'après examen approfondi des pièces ci-dessus, nous avons constaté une parfaite régularité dans l'administration.

Paris, le 2 mars 1851.

Les Membres de la Commission : Le V.-Amiral BAUDIN ; Le *Général* DE RICARD, *ancien commandant de l'École Saint-Cyr* ; Le Baron SERRURIER, *ancien Préfet.*

RAPPORT DU CONSEIL DE L'ŒUVRE DES BIBLIOTHÈQUES COMMUNALES

A Monsieur le Ministre de l'Intérieur.

Monsieur le Ministre, j'ai l'honneur de vous remettre le rapport de la Commission sur la situation des Bibliothèques communales.

Les conclusions s'appuient sur des chiffres qui constatent une direction loyale et intelligente. Ce travail a été fait par MM. le vice-amiral BAUDIN, grand-officier de la Légion-d'Honneur, le général marquis de RICARD, commandeur de la Légion-d'Honneur, ancien commandant de l'école de Saint-Cyr, et le baron SERURIER, membre de la Légion-d'Honneur, ancien préfet.

Je vous prie de recevoir, Monsieur le Ministre, l'expression de mes sentiments distingués.

Paris, 10 *mars* 1851.

Le vice-Président du Conseil,
DUC DE LAROCHEFOUCAULD-DOUDEAUVILLE.

Extrait de la Note annexée au rapport de la Commission :

M. Jules Radu, né à Paris en 1810, doué d'un caractère indépendant et d'une volonté énergique, appartient à une famille honorable qui a possédé une grande fortune.

Depuis vingt-quatre ans ses travaux se divisent en deux périodes distinctes.

De 1827 à 1840. — Professeur de méthodes élémentaires.

De 1840 à 1851. — Fondation de Sociétés de bienfaisance ; publication de ses ouvrages.

1837. Plusieurs officiers généraux de la maison du roi, MM. BAUDRAND, GOURGAUD, DE RUMIGNY, et DE LAROCHEFOUCAULD D'ESTISSAC, l'engagent à s'occuper de l'armée. Ses cours sont organisés par divisions militaires ; il passe toutes ses nuits en route pour se transporter d'une ville à une autre : c'est ainsi que, pendant quatre ans, M. JULES RADU a fait, par an, quatre à cinq mille lieues, toutes de nuit. Près de 6,000 hommes, officiers, sous-officiers et soldats, ont suivi ses cours.

Pendant quatorze ans, M. JULES RADU a vécu honorablement de son travail, dont le produit a été employé à l'éducation de ses enfants. C'est à partir du jour où il consacre sa vie aux œuvres de bienfaisance, que commence pour lui une existence des plus pénibles.

1841. Secondé par Mgr l'abbé GUILLON, aumônier de la reine, il fonde une Association pour l'extinction de la mendicité. Cette Société, composée des hommes les plus considérables, s'est réunie à la Chancellerie, dans les salons de M. le garde des sceaux, ministre de la justice, l'un des vice-présidents du Conseil de l'œuvre. (*Moniteur du* 13 *janvier* 1841.)

L'œuvre a pour but de fonder des établissements pour élever des enfants pauvres et de propager l'instruction élémentaire. A cet effet M. JULES RADU a publié un ouvrage fort estimé, traitant de la lecture, l'écriture, le calcul, la grammaire, la géographie et l'histoire générale. Cinq éditions (ensemble 28,000 exemplaires) sont déjà répandues dans l'armée, la marine, les usines et manufactures. Secondé par MM. les officiers, les commandants des bâtiments et les manufacturiers, M. JULES RADU a réuni par compagnie ou par atelier, en présence de leurs chefs, près de deux cent mille hommes, soldats, matelots et ouvriers, pour entendre l'exposé de son livre, destiné à moraliser leurs familles. De nombreux témoignages constatent l'utilité de cet ouvrage. C'est par des années passées dans les casernes, à bord des bâtiments et dans les ateliers ; c'est par de longues conférences avec MM. les officiers, les manufacturiers, les administrateurs et les habitants des campagnes, que M. JULES RADU a fait une étude pratique des hommes et des choses.

1846. La Société des bibliothèques communales est fondée ; le 12 décembre, M. JULES RADU se rend à Rome pour placer la Société sous le patronage du Saint-Père. Une année est employée à une foule de démarches pour réunir un patronage imposant par le nombre et la distinction de ses membres ; les Bibliothèques seront répandues dans les communes au nom du jeune COMTE DE PARIS. La révolution de Février vient tout arrêter. M. JULES RADU avait épuisé ses dernières ressources.

1849. Un héritage donne à M. JULES RADU les moyens de donner suite à la fondation de son œuvre.

1850. Le 8 mars, la Société se constitue dans sa première réunion au palais de l'Elysée.

Les *Bibliothèques communales* sont officiellement recommandées par le gouvernement comme œuvre d'utilité publique. (*Moniteur du* 31 *mai* 1850.)

Sur un patrimoine de 60,000 francs, qui lui assurait une existence indépendante, plus de la moitié a disparu pour l'organisation de son œuvre. En abandonnant toute la partie commerciale aux libraires, M. Jules Radu a déclaré, dans les termes les plus absolus, qu'aucune idée de spéculation n'étant jamais entrée dans sa pensée, il entendait rester complètement étranger à tout bénéfice, à quelque titre ou sous quelque forme que ce fût, se réservant seulement la part de gloire qui revient à l'homme qui a fait quelque chose d'utile à son pays.
(*Circulaire du* 12 *février* 1851.)